Versione 1.0
Prima edizione marzo 2014
© Francesco Pozzi
ISBN 978-1-291-78906-5

Copertina e layout a cura di Elisa Miotti
www.elisamiotti.com

Autore

Francesco Pozzi ha una laurea e un dottorato in Psicologia e un master in Analisi del Comportamento. La sua specializzazione sono gli strumenti e le metodologie per l'apprendimento, con particolare attenzione verso l'impiego di tecnologie digitali. Si occupa da anni di formazione, sviluppo e gestione di progetti elearning e consulenza aziendale. Dal 2005 svolge attività di ricerca e didattica presso l'Università IULM di Milano.

Indice

1. Quanti eravamo

Siamo abituati a sentir snocciolare numeri sul successo dei social network. I più diffusi, come Facebook o Twitter, contano i propri iscritti nell'ordine delle decine o centinaia di milioni.
Una gran parte di questi numeri è costituita da utenti attivi, cioè utenti che davvero utilizzano giornalmente il social network. Il successo di un social si può misurare proprio così, dal rapporto fra utenti iscritti e utenti attivi: un po' come il rapporto fra quanti entrano in un negozio ma ne escono a mani vuote e quanti invece fanno compere.

È facile capire che chi gestisce i social network investe molto lavoro nel cercare di trasformare gli utenti iscritti in utenti attivi, e di mantenerli tali. Il numero di utenti non attivi, cioè di chi si è iscritto ma non frequenta, non viene mai sbandierato - a meno che sia molto basso.
Ma c'è un altro numero che viene poco reclamizzato, anche perché non semplice da identificare. A volte si confonde con il numero di utenti non attivi, ma è qualcosa di diverso. È il numero di utenti che usavano il social network, o almeno vi si erano iscritti, ma non lo usano più e non lo useranno in futuro, perché deceduti.

Dati ufficiali non vengono forniti, ma sono state fatte diverse stime attendibili. Queste stime ci dicono che si tratta di un numero più alto di quello che si è soliti immaginare.

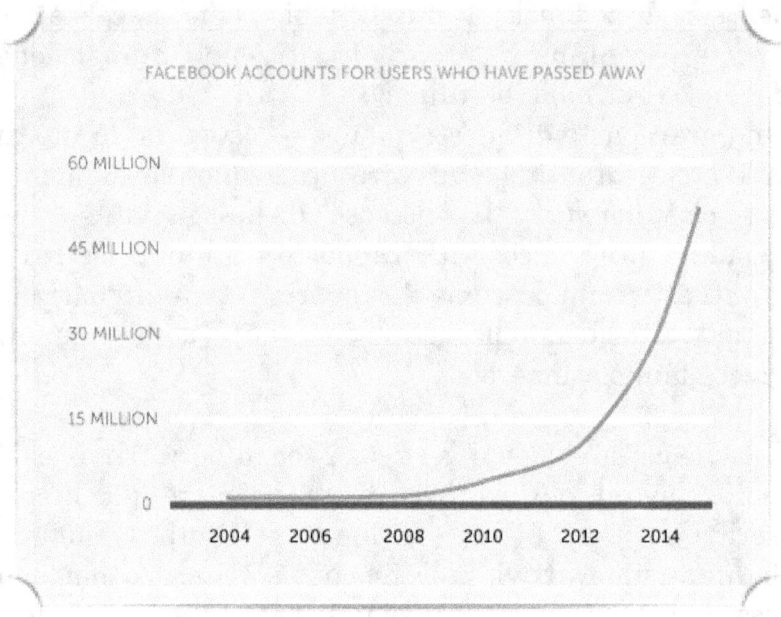

Secondo i calcoli di Jonathan Good gli account di persone decedute ammontano attualmente a circa 30 milioni, e sono in rapido aumento. Nel 2015 dovrebbero arrivare a 50 milioni.
Si può considerare come il più grande gruppo presente su Facebook e quello in più veloce crescita.

Il numero di utenti di Facebook è in costante e veloce crescita, e coinvolge sempre più persone adulte e anziane, con prospettiva di vita più breve. Di conseguenza anche il numero di utenti che muore cresce significativamente. Nel 2011, incrociando i dati ufficiali di Facebook e dati relativi ai tassi dei decessi, Nathan Lustig calcolava che 1 milione e 780 mila utenti Facebook sarebbero morti nel corso dell'anno in tutto il mondo. Per il 2012 questa previsione salì a 2 milioni e 890 mila utenti.

Viene subito da pensare a un enorme, vastissimo cimitero online - il più grande cimitero del mondo. La prima immagine che viene alla mente è quella di pagine Facebook abbandonate, aggiornamenti fermi a mesi o anni fa. Ma è davvero questo il quadro?

Prendiamo un esempio. Scott Millin ha perso sua sorella Nanci nel 2011, per un cancro al seno. Suo è stato il compito di curare i beni lasciati dalla sorella e occuparsi di "smontare e chiudere ciò che rimaneva della vita di Nanci. Disdire il suo contratto telefonico, le carte di credito, il servizio rifiuti e la casella email sono state decisioni e conclusioni logiche... quello su cui mi sono trovato a non sapere cosa fare è stata la sua pagina Facebook."

La pagina di Nanci, agli occhi del fratello, non è soltanto una testimonianza di ciò che lei ha fatto, una collezione di ricordi. È una vera e propria selezione di quegli aspetti della sua vita privata che lei stessa aveva deciso di condividere pubblicamente.

"Credo che la pagina Facebook di Nanci sia una specie di cimitero virtuale per me, così come per i suoi amici e parenti. Soltanto, non dobbiamo passare attraverso sentieri ventosi e lapidi per arrivarci. Ci basta fare click da qualsiasi dispositivo e possiamo vederla, ricordarla, lasciare messaggi, e sorridere o piangere per ciò che era e ciò che le è accaduto."

È soltanto un caso fra i moltissimi che sono tutto attorno a noi. Molti di noi possono raccontarne per esperienza personale. Stephanie Buck, che lo ha riportato, ne cita diversi altri in un articolo molto informato e completo su Mashable.

Quello che questi racconti sembrano dirci è che c'è una grossa differenza fra account di persone decedute e account inattivi. Questi ultimi, aperti magari per prova da qualcuno che ha voluto assaggiare un social network e se n'è subito pentito, sono davvero morti: è facile riconoscerli per il vuoto e il senso di abbandono che trasmettono.

Gli account che oggi a milioni restano su Facebook a ricordare persone che non ci sono più sono invece, spesso, tutt'ora vivi. E svolgono ancora funzioni importanti.

Alcuni ricercatori, come Jed Brubaker, provano oggi a capire come e perché vengano usati gli account sui

<u>social durante il lutto</u>. La funzione che sembrano svolgere è innanzitutto sociale: è tramite questi account che è possibile mettersi in contatto con altre persone, amici o parenti di chi è venuto a mancare. Aiutano a tessere nuove relazioni, per ricordare insieme e ricostruire aspetti della vita di una persona che, prima, facevano capo soltanto a lui o lei.

È possibile anche mantenere attive le relazioni che c'erano, rimanere amici - o fidanzati, sposati, fratelli, figli - con l'account di una persona che non c'è più. Facebook non prevede di scegliere, fra le relazioni disponibili, quella di "vedovo di..." o "vedova di...": eppure c'è già chi ne sentirebbe l'esigenza, perché quel ricordo e quella relazione, mutata ma presente, prosegua.

Vedremo in seguito come sia possibile modificare lo stato di una pagina di Facebook per disattivarne alcune funzioni dopo che il suo proprietario è morto. Se questo non viene fatto, la pagina continua ad essere proposta ad altri come possibile nuova amicizia. Continuano ad arrivare messaggi per ricordare agli amici il giorno del suo compleanno. Amici e parenti continuano a lasciare messaggi in bacheca, pensieri, ricordi. Dialoghi, o forse dialoghi a senso unico.

Tutto questo potrebbe apparire macabro e sbagliato. È difficile giungere a una riflessione conclusiva in proposito, forse è prematuro: è la prima volta che la nostra società si confronta con un simile fenomeno.

Molto dipende dalla sensibilità individuale di chi resta e, aspetto non di poco conto, da come viene interpretata e rispettata la volontà di chi se n'è andato.

C'è una riflessione però da fare, per quanto strana o grottesca possa sembrare. È vero che questo cimitero virtuale ci consente di proseguire il nostro personale rapporto con la persona che non c'è più. Questo presuppone però che dall'altra parte si mantenga un'identità virtuale ancora "viva". Man mano che la bacheca di una persona che non c'è più si aggiorna con nuovi messaggi, ricordi, testimonianze, la pagina cambia. E quella pagina, con le foto e i messaggi che presenta, è proprio lo strumento con cui oggi costruiamo la nostra identità online, curandone e controllandone ogni aspetto.
Si può dire quindi che la nostra identità virtuale già oggi ci sopravvive, si mantiene e addirittura si modifica, grazie all'interazione con chi si ricorda di noi.

Ma qual è la parte di noi che, in questo modo strano e fantascientifico, continua a esistere?

2. Il nostro lato migliore

Immagine di presentazione della serie tv Black Mirror, su Channel 4

Black Mirror è una mini-serie tv inglese che ha fatto molto parlare di sé. Ideata da Charlie Brooker, è composta di soli tre episodi a stagione e ciascun episodio è a sé stante, con attori e ambientazioni diversi. Il filo che li unisce tutti è il fatto di trattare aspetti controversi delle nuove tecnologie e dell'uso che ne facciamo, o che potremmo farne in un prossimo futuro.

Uno dei tre episodi della seconda serie, andata in onda nel 2013, riguarda quel che di noi che lasciamo al mondo, tramite i social network, dopo la morte. La storia è quella di una giovane coppia inglese, in un prossimo futuro. Lui, grande utilizzatore dei social, muore in un incidente stradale - forse proprio perché distratto dallo smartphone. Lei, in piena fase di lutto, viene a conoscenza di un innovativo servizio online: un software in grado di raccogliere tutto ciò che il ragazzo ha postato in Rete nel corso della sua vita, foto, messaggi, messaggi di stato, likes, e di utilizzarli per ricreare virtualmente la sua personalità. Simula la persona non più esistente. È capace di rispondere ai messaggi, di chattare con la vedova, di apparire verosimile.

Una scena dal primo episodio della seconda stagione di Black Mirror,
"Be Right Back" (in italiano: "Torna da me")

Di più, utilizzando registrazioni audio e filmati il software impara a conversare al telefono, infine viene persino incarnato in un realistico e costoso robot. Tecnologie ancora non esistenti, ma che non è difficile immaginare potrebbero esistere in un futuro non lontano.

Il problema che emerge dalla narrazione, però, è un altro: la personalità ricreata è monca. È composta per lo più di sorrisi, scherzi, battute, sciocchezze. Le mancano la profondità di pensiero, la tristezza, la rabbia, le reazioni incontrollate: tutto ciò che non trova abitualmente spazio nei messaggi pubblici sui social network.

È davvero così? L'immagine di noi che viene registrata sui social network a cui partecipiamo è così monca, parziale?

Sfogliando casualmente un qualunque profilo sui social network, leggendo i messaggi, gli eventi descritti, le foto pubblicate, si ha spesso l'impressione di osservare vite perfette. Se non ci fossimo ormai assuefatti sembrerebbero caricature di vite reali. Scorrendo le bacheche si trova un catalogo di eventi tutti significativi (divertenti serate, felici aperitivi, fantastiche mostre), di grandi amicizie, amori romantici (con cuori, autoscatti, vacanze memorabili). Le foto sono sempre perfette: sorrisi, tramonti, spiagge esotiche, colori intensi spesso conseguenza dell'uso di filtri fotografici automatici (come quelli di Instagram).

Anche i fatti spiacevoli, quando compaiono, vengono dipinti a tinte più vivide: scontri con il proprio superiore al lavoro sono l'occasione per tratteggiarlo come il personaggio cattivo di un cartoon, uno sciopero dei mezzi diventa un racconto epico tutto centrato sul suo protagonista: l'autore del profilo.
In generale si può parlare di un costante, metodico abbellimento delle nostre vite. Noia, imperfezioni, ambiguità, errori, sentimenti ambivalenti, indecisioni, procrastinazioni tendono ad essere cancellati, appiattiti nella ricostruzione di un'identità priva di sbavature e molto più attraente dell'originale.

Non si tratta di un fenomeno del tutto nuovo. Se andiamo indietro nel tempo al sedicesimo e diciassettesimo secolo riscopriamo un oggetto che, secondo alcuni, è l'antesignano proprio del moderno Instagram.

Claude Lorrain, A Seaport at Sunrise, 1674

All'epoca lo stile pittorico favorito dai nobili e benestanti era quello del paesaggio ideale. Capostipite e precursore di questo tipo di rappresentazioni, che vengono in seguito definite pittoresche, fu Claude Lorrain, i cui paesaggi classicheggianti, amabili e bellissimi, sono ancor oggi molto famosi.

Lo stile pittoresco è dunque una trasfigurazione in meglio - secondo i canoni estetici dell'epoca - della realtà. Il paesaggio reale viene, per usare termini oggi comuni, ritoccato, filtrato. Uno stretto parallelismo con le immagini selezionate, filtrate e abbellite, con cui costruiamo oggi le nostre bacheche pubbliche sui social network.

Ma nel '700 non ci si accontentava dei quadri. C'era un piccolo strumento che i nobili usavano portar con sé mentre erano in viaggio. Lo tenevano nel taschino della giacca o dei pantaloni, come farebbero oggi con uno smartphone. Si chiama Claude Glass, e il nome fa proprio riferimento a Claude Lorrain: si tratta di un piccolo specchio concavo e di colore scuro, grigio. Si usava così: il viaggiatore, trovandosi di fronte ad una scena classicheggiante di suo gradimento (una campagna toscana o laziale, magari con resti pietrosi romani), si voltava, spalle alla scena. Non la guardava più direttamente - troppo banale - piuttosto prendeva dal taschino il suo Claude Glass, lo apriva e lo usava per riflettere la scena alle sue spalle. Grazie alle particolari caratteristiche dello specchio l'immagine appariva al suo sguardo più ampia, ricomposta nel riquadro e scurita, con colori più caldi ed epici rispetto alla scena reale.

Thomas Gainsborough, Man Holding a Claude Glass (senza data)

Fanno notare alcuni commentatori che in questo modo il turista guardava uno schermo anziché guardare la scena stessa: qualcosa di molto simile a ciò che succede oggi, ad esempio, a un qualsiasi concerto.

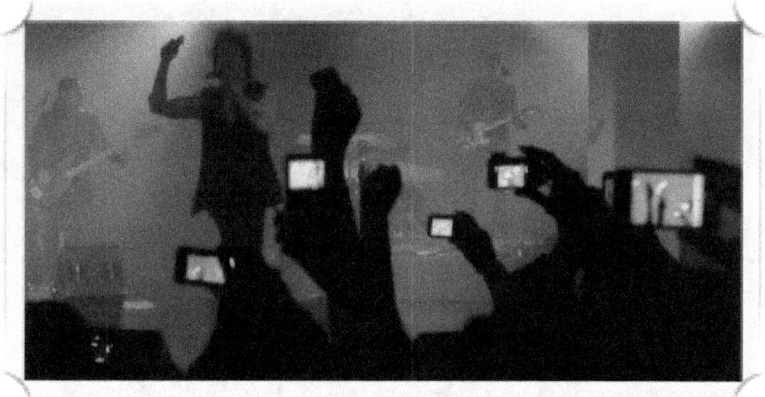

Oggi le tecnologie digitali ci consentono di registrare e manipolare qualsiasi tipo di panorama. Quello a cui ci dedichiamo più spesso e con grande profusione di energie è il panorama delle nostre vite. Un panorama che, abbiamo visto, viene di fatto ridisegnato, fino alla creazione di una nuova identità online dagli aspetti perlomeno controversi.

Che cosa succede quando, nostro malgrado, insieme alla vita reale perdiamo anche questa vita posticcia digitale? Che fine fa il nostro corpo virtuale?

3. Cosa succede dopo?

La quantità di informazioni personali che immettiamo in Rete è in continuo aumento. Sempre più spesso si tratta di informazioni anche importanti e delicate: messaggi personali salvati sul server di posta; transazioni in denaro sulla nostra carta di credito; lo stesso accesso al servizio di online banking, al conto Paypal o all'account eBay.
Che cosa succede quando moriamo? Chi può avere accesso a tutti questi dati?

In linea di massima la risposta è: nessuno. Le stesse leggi che proteggono la nostra privacy mentre siamo in vita continuano a proteggerla dopo la morte. Le password di accesso ai nostri account rimangono private, la nostra pagina personale sui social network rimane intoccabile.

Tutto ciò può suonare rassicurante. Ma può anche essere un enorme vincolo. Il nostro coniuge, i nostri parenti, gli amici più stretti: nessuno di loro può avere accesso a quelle informazioni?

Prendiamo il caso di Facebook, dato che è il social network oggi più diffuso. Facebook offre due modi per gestire l'account di una persona dopo la sua morte.

Il più semplice e diretto è la cancellazione. L'account di una persona deceduta può essere cancellato da facebook a seguito di richiesta da parte di un parente o amico stretto - chiunque sia in possesso di un documento ufficiale quale il certificato di morte o un certificato di nascita. È necessario compilare una scheda online (che offre delle gentili condoglianze) e avanzare in questo modo formalmente la domanda, che verrà vagliata da Facebook. Se le informazioni fornite risulteranno corrette, l'account verrà cancellato per sempre.

Anziché cancellarla, è anche possibile trasformare la pagina della persona scomparsa in una pagina commemorativa. È questo il termine con cui Facebook definisce un particolare stato dell'account, che il sistema gestisce diversamente: la pagina può essere vista e trovata soltanto da chi è già amico e soltanto amici e parenti possono inviare messaggi sulla bacheca. La pagina non viene più proposta pubblicamente dal sistema, non vengono più mandati avvisi di compleanno. Nessuno è più in grado di accedere all'account, neanche se in possesso della password: l'account viene, di fatto, bloccato.

Tutti i contenuti dell'account, anche i più vecchi, rimangono però pubblicati e disponibili (soltanto per gli amici): è così possibile ricordare e "rivivere" gli episodi della vita della persona deceduta. Nelle intenzioni, questo è un modo per offrire un servizio sociale ai parenti e amici della vittima. Scrive una portavoce di Facebook sul blog ufficiale:

"La nostra speranza nel fornire alle persone che usano il nostro servizio un modo per piangere e ricordare insieme qualcuno che non c'è più, è che la gente trovi conforto nel condividere storie felici e intime riguardo ai propri amici o parenti venuti a mancare."

Per trasformare una pagina di Facebook in pagina commemorativa è necessario, anche in questo caso, compilare una scheda e inviare la richiesta a Facebook. Fra le informazioni obbligatorie vi è anche un link a un "necrologio o articolo di giornale" (devono essere quindi online) che certifichi il decesso.

La pagina commemorativa è insomma un album da sfogliare online, per ripercorrere tutto ciò che la persona scomparsa ha scritto e postato, inclusi foto e video. Ma se i parenti o gli amici volessero scaricare questi dati e salvarli, per non dipendere da Facebook? Come dicevamo, le leggi sulla privacy vietano l'accesso a dei contenuti privati, anche dopo la morte. Per avere accesso all'account e recuperarne tutti i contenuti è necessario che sia la persona stessa a volerlo. Ovviamente dovrà dichiararlo prima di morire.

Facebook accetta richieste di questo tipo se nel testamento della persona deceduta è stato esplicitato un esecutore testamentario per i contenuti disponibili online, al quale venga quindi trasferito il potere di raccoglierli e archiviarli.

Ma non c'è solo Facebook, come dicevamo in apertura. Il patrimonio di informazioni depositate online in forma digitale è tale che da alcuni anni si è iniziato a parlare di "digital assets", o patrimonio digitale. Alcuni stati americani hanno iniziato ad approvare specifiche leggi per automatizzare il trasferimento di questo patrimonio ai legittimi eredi, così come avviene con un immobile.

Siamo ancora all'inizio e molti sono i nodi che vengono al pettine. Un libro che si dedica a questo tema complesso (in inglese) è Your Digital Afterlife, di Evan Carrol e John Romano.

E. Carrol e J. Romano, <u>Your Digital Afterlife</u>, New Riders Pub, 2010.
Disponibile anche in <u>ebook Kindle</u>.

Altri fornitori di servizi online, come Google, si stanno (lentamente) muovendo per regolare e automatizzare questi trasferimenti. Google, nel 2013, ha creato il <u>servizio Gestione Account Inattivo</u>. Il servizio osserva una serie di indici di attività dell'account: se risulta che l'account non è utilizzato per un certo periodo di tempo (stabilito da noi), Google contatterà noi stessi e poi una persona di fiducia, per verificare l'eventuale decesso e trasferire tutti i dati alla persona selezionata, oppure cancellarli definitivamente.

I servizi che usiamo online sono però moltissimi e pochi offrono sistemi di questo tipo. Ad oggi, la soluzione migliore è che siamo noi stessi ad organizzare il nostro patrimonio digitale perché tutto funzioni al meglio dopo la nostra morte. Si tratta di precauzioni che possono sembrare strane, perché non ci siamo abituati: del resto, fino a pochi anni fa, non eravamo nemmeno abituati a fare un uso così intenso della Rete e dei computer.

Iniziano così a nascere anche in Rete servizi dedicati a questa specifica esigenza. PasswordBox, servizio online per la gestione delle password di qualsiasi nostro account, integra ad esempio una funzione "Legacy", eredità: consente di indicare chi potrà avere accesso ai nostri account dopo la morte. Il processo funziona in questo modo: alla morte della persona un parente o amico deve contattare PasswordBox segnalando l'avvenimento. L'azienda verifica con le autorità l'effettivo decesso del proprio iscritto e, una volta confermato, invia automaticamente le informazioni di accesso agli account del defunto a chi lui stesso aveva indicato come legittimo erede.

Lo stesso risultato si può ovviamente ottenere lasciando una lettera, o fornendo al proprio erede designato la password di accesso al proprio computer o al programma in cui archiviamo in modo sicuro ogni altra password. In questo modo però l'erede avrà in mano tali informazioni mentre ancora siamo in vita: servizi come PasswordBox si assumono invece la responsabilità di gestire secondo il nostro volere ciò che avviene soltanto dopo la nostra morte.

Sono probabilmente millenni che l'uomo si occupa e preoccupa di ciò che avverrà dopo la sua morte. A chi andranno i miei beni, cosa verrà scritto di me, come si celebrerà il mio funerale... e magari, perché no, quali sassolini potrò togliermi dalla scarpa, quali segreti gelosamente custoditi potrò rendere pubblici. Anche su questo fronte Internet non manca di offrire servizi ad hoc.

Dal 2010 esiste un'applicazione Facebook battezzata "If I die", ovvero "se muoio". Il servizio consente di registrare un videomessaggio che verrà pubblicato solo dopo la nostra morte, e solo se il decesso è confermato da parenti e amici. Una versione premium, a pagamento, consente di mandare anche filmati personalizzati a diverse persone di nostra scelta: un ultimo video-saluto, oppure il classico "non te l'ho mai detto, ma...".

Nel 2012 l'azienda creatrice del servizio ha lanciato una nuova proposta: la celebrità dopo la morte. Con il servizio "If I die 1st", cioè "se muoio per primo", possiamo registrare un videomessaggio che dopo la nostra morte verrà pubblicato su diversi canali digitali e televisivi, raggiungendo un numero potenziale di spettatori pari a oltre 200 milioni (a detta dell'azienda). Ad essere pubblicato sarà però soltanto, di volta in volta, il video del primo a morire fra tutti quelli che si sono iscritti. Obiettivo, secondo quanto esplicitamente dichiarato nel video di presentazione: raggiungere dopo la morte quella fama da "VIP" che in vita ci è stata negata.

Quando si dice guardare avanti.

Risorse utili: cosa fare dopo

In questa sezione raccogliamo una serie di link utili per gestire al meglio il patrimonio digitale nostro o di un nostro parente.

Cosa fare dopo: Facebook
Facebook offre due opzioni per la gestione di un account dopo il decesso del suo proprietario. Entrambe devono essere messe in atto dai parenti o esecutori testamentari, in possesso di un certificato di decesso o di nascita (quale dimostrazione del rapporto di parentela). Il certificato deve essere disponibile sul computer come scansione, così da poter essere fornito per via elettronica.

La prima opzione consiste nella cancellazione dell'account e di tutti i dati in esso contenuti. In questo modo tutta la cronologia, tutti i contenuti caricati sull'account Facebook vengono eliminati definitivamente.

La seconda opzione invece è più evoluta: la pagina facebook può essere trasformata in una pagina commemorativa. In questo modo si attivano alcune caratteristiche particolari: la pagina può essere vista e trovata soltanto da chi è già amico e soltanto amici e parenti possono inviare messaggi sulla bacheca; la pagina non viene più proposta pubblicamente dal sistema, non vengono più mandati avvisi di compleanno; nessuno è più in grado di accedere all'account, neanche se in possesso della password: l'account viene, di fatto, bloccato.

Sia per cancellare un account che per trasformarlo in pagina commemorativa è necessario inviare una richiesta compilando una scheda, disponibile a questo indirizzo:

- https://www.facebook.com/help/contact/ 228813257197480

Cosa fare dopo: Google

Google ha presentato nel 2013 il suo Servizio Account Inattivo. Il servizio si basa su un meccanismo automatico: si attiva se l'account non viene utilizzato per un certo periodo di tempo. La scelta del periodo di tempo spetta all'utente, mentre sono gli algoritmi di Google a stabilire ciò che si intende per "non utilizzo", analizzando diverse variabili (fra cui anche la nostra cronologia web).

In caso di inattività, Google invia automaticamente un messaggio email ai contatti da noi selezionati. L'email conterrà un nostro messaggio personale e, se lo desideriamo, i dati di accesso ai nostri servizi.

Le caratteristiche del servizio sono ben presentate in questa pagina del Supporto tecnico di Google:

*   https://support.google.com/accounts/answer/3036546?hl=it

È bene tenere a mente ciò che accade attivando questo servizio: il messaggio con il nostro messaggio personale verrà inviato automaticamente dopo che abbiamo cessato di utilizzare l'account per un certo periodo di tempo, in genere di qualche mese. Il messaggio verrà quindi letto presumibilmente dopo la nostra morte.

Per attivare e configurare il servizio è necessario visitare il sito www.google.com/settings e fai clic sul link per la configurazione nella sezione Gestione dell'account.

Cosa fare dopo: altri servizi online
Per tutti i servizi online che non offrono procedure automatiche o standardizzate, l'accento si sposta sulla prevenzione. "Dopo", bisogna recuperare le password e procedere a recuperare i contenuti di interesse e disattivare gli account. Se non si hanno le password bisognerà inviare comunicazioni appropriate alle aziende fornitrici dei servizi, producendo la documentazione necessaria a sostenere i nostri legittimi diritti. "Prima", invece, è possibile organizzare le cose in modo da rendere più facile la gestione del patrimonio digitale dopo la nostra morte.

La soluzione più semplice e casalinga è quella di mettere una o più persone di nostra fiducia a conoscenza del luogo (hard disk, computer, programma o cartella protetta) in cui conserviamo i dati di accesso ai diversi servizi online.

Online abbiamo trovato alcuni (pochi, in realtà) servizi che si occupano della gestione dei nostri dati e del loro trasferimento dopo la morte.

Uno di questi è SecureSafe, servizio svizzero di archiviazione sicura dei dati, che offre una serie di funzioni legate alla "data inheritance", l'eredità dei dati salvati. Le funzioni sono descritte fra le FAQ sul loro sito. Il servizio base è gratuito, mentre per archiviare più password o più documenti ci sono abbonamenti che partono da circa due dollari al mese.

Il secondo è PasswordBox, un software gratuito per l'archiviazione sicura delle proprie username e password, che integra la funzione Legacy: alla morte della persona un parente o amico deve contattare PasswordBox segnalando l'avvenimento. L'azienda verifica con le autorità l'effettivo decesso del proprio iscritto e, dopo averlo confermato, invia le informazioni di accesso agli account del defunto a chi lui stesso aveva indicato come legittimo erede.

In entrambi i casi è dunque necessario informare una o più persone di nostra fiducia della presenza del servizio, in modo che possano contattarlo al momento opportuno e attivare il processo automatico di verifica e trasferimento dei dati.

Un ultimo accenno riguarda il testamento. A quanto pare, lasciare indicazioni chiare riguardo ai propri beni digitali può essere d'aiuto per gli esecutori testamentari nel momento in cui dovranno occuparsi di recuperare o cancellare i nostri dati. Su questo tema è però bene consultarsi con il proprio legale di fiducia.

Per approfondire

In questa sezione viene presentato un elenco ragionato delle fonti consultate, utili per approfondire il tema del Dossier.

I numeri
Quanti account appartengono a utenti non più in vita? E quanti saranno in futuro? Abbiamo visto che il fenomeno sembra destinato a crescere, per numeri e importanza. Questi articoli cercano di stimarne la dimensione, partendo dai dati oggi disponibili.

- http://blog.1000memories.com/22-the-rise-of-the-dead-how-many-ghosts-are-on-facebook

- http://www.nathanlustig.com/2012/06/06/2-89m-facebook-users-will-die-in-2012-580000-in-the-usa/#more-1908

Antropologia del post mortem online
Questi articoli, completi e ben informati, presentano con un buon numero di esempi una panoramica di ciò che succede online dopo la morte.

- http://mashable.com/2013/02/13/facebook-after-death/

- http://www.huffingtonpost.com/zack-harris-/the-new-afterlife_b_3263896.html

- http://www.huffingtonpost.com/2012/12/07/death-facebook-dead-profiles_n_2245397.html

Nuove funzioni di Facebook dopo la morte

Un articolo di Jed Brubaker e colleghi, pubblicato sulla rivista scientifica The Information Society, approfondisce le nuove funzioni assunte da FB dopo la morte del proprietario di un profilo.
L'articolo completo è scaricabile gratuitamente in PDF.

- http://www.tandfonline.com/doi/full/10.1080/01972243.2013.777300#.UxyKGEJ5OSh

Il Claude Glass e i social network

Diversi articoli sostengono che possa esserci un parallelismo fra il Claude Glass e i moderni smartphone. Ecco i principali da noi consultati:

- http://lup.lub.lu.se/luur/download?func=downloadFile&recordOId=3349524&fileOId=4057934

- http://thenewinquiry.com/essays/picture-pluperfect/

- http://thesocietypages.org/cyborgology/2011/07/25/life-becomes-picturesque-facebook-and-the-claude-glass/

La voce delle aziende
Facebook e le altre aziende che gestiscono i nostri profili online non parlano spesso di questo tema: forse è ancora considerato di secondaria importanza, forse è troppo delicato.
In alcuni casi abbiamo però trovato riferimenti diretti. I più rilevanti sono articoli sui blog ufficiali di Facebook e Google:

- https://www.facebook.com/note.php?note_id=306746312679491

- http://googlepublicpolicy.blogspot.it/2013/04/plan-your-digital-afterlife-with.html

Cosa dice la legge
Esiste un intero sito dedicato alle leggi che regolano l'eredità del patrimonio digitale negli Stati Uniti e a come esse stiano cambiando:

- http://www.digitalestateresource.com/law/

Libri

L'unico libro di nostra conoscenza che affronti direttamente e con completezza il tema dell'eredità del patrimonio digitale è il recente Your Digital Afterlife (2010), di Evan Carroll e John Romano. Il libro è in lingua inglese e non è mai stato tradotto in italiano.

È possibile acquistare il libro sia in formato cartaceo (copertina flessibile) che in ebook per Kindle.

Commenti e contatti

Per commenti e contatti riguardanti questo dossier e i temi in esso trattati potete scriverci a:
info@mediaeducation.eu

www.ingramcontent.com/pod-product-compliance
Lightning Source LLC
Chambersburg PA
CBHW071307280526
45788CB00004B/1852

* 9 7 8 1 2 9 1 7 8 9 0 6 5 *